Collection du Général MIRZA REZA KHAN

Ancien Secrétaire interprète du Shah de Perse de 1844 à 1891

LIVRES ARABES, TURCS & PERSANS

IMPRIMÉS EN ORIENT

PRÉCIEUX MANUSCRITS ARABES

COPIÉS DU CORAN EN ÉCRITURE COUFIQUE - ŒUVRES DU FAMEUX CALLIGRAPHE YACOUT

MANUSCRITS EN ÉCRITURE MCIROSCOPIQUE, ETC.

Superbes Manuscrits Persans enluminés

et décorés de peintures

LE SHAH NAMEH - LES POÈMES DE HAFIZ ET DE SAADI - LES POÈMES DE NIZAMI

ACCOMPAGNÉS D'ADMIRABLES PEINTURES

L'HISTOIRE DES SÉFÉVIS, MANUSCRIT HISTORIQUE INÉDIT

MINIATURES INDO-PERSANES

PEINTURES PERSANES A L'HUILE - PEINTURES INDIENNES

PEINTURE ARMÉNIENNE - MANUSCRITS HÉBREUX

Manuscrits pâlis sur feuilles de cuivre - Bijoux persans, cachets, pierres gravées, amulettes - Étoffes et Broderies persanes.

ESTAMPES JAPONAISES

très belles pièces en tirage ancien

DESSINS ET CROQUIS ORIGINAUX A L'AQUARELLE ET A L'ENCRE DE CHINE

PAR DIVERS ARTISTES JAPONAIS

VENTE A L'HOTEL DES COMMISSAIRES-PRISEURS

9, RUE DROUOT (Salle nᵒ 8)

Le Lundi 4 Juin 1894, à deux heures précises.

Exposition particulière, le Samedi 2 Juin, de 2 h. à 5 h., 10, rue Coëtlogon.

Mᵉ Maurice DELESTRE	M. Ernest LEROUX
Commissaire-Priseur	Libraire-Expert
27, RUE DROUOT, 27	28, RUE BONAPARTE, 28

PARIS

ERNEST LEROUX, ÉDITEUR

28, RUE BONAPARTE, 28

1894

ORDRE DE LA VENTE

Nᵒˢ 1 à 130.
— 158 à 183.
— 131 à 157.

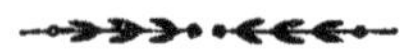

CONDITIONS DE LA VENTE

La vente sera faite au comptant.

Les adjudicataires payeront cinq pour cent en sus des enchères, applicables aux frais.

M. Ernest Leroux se chargera des commissions des personnes qui ne pourront assister à la vente.

Collection du Général Mirza Reza Khan

Ancien Secrétaire interprète du Shah de Perse de 1844 à 1891

LIVRES ARABES, TURCS & PERSANS

IMPRIMÉS EN ORIENT

PRÉCIEUX MANUSCRITS ARABES

COPIES DU CORAN EN ÉCRITURE COUFIQUE - ŒUVRES DU FAMEUX CALLIGRAPHE YACOUT

MANUSCRITS EN ÉCRITURE MICROSCOPIQUE, ETC.

Superbes Manuscrits Persans enluminés

et décorés de peintures

LE SHAH NAMEH - LES POÈMES DE HAFIZ ET DE SAADI - LES POÈMES DE NIZAMI

ACCOMPAGNÉS D'ADMIRABLES PEINTURES

L'HISTOIRE DES SÉFÉVIS, MANUSCRIT HISTORIQUE INÉDIT

MINIATURES INDO-PERSANES

PEINTURES PERSANES A L'HUILE - PEINTURES INDIENNES

PEINTURE ARMÉNIENNE - MANUSCRITS HÉBREUX

Manuscrits pâlis sur feuilles de cuivre - Bijoux persans, cachets, pierres gravées, amulettes - Étoffes et Broderies persanes.

ESTAMPES JAPONAISES

très belles pièces en tirage ancien

DESSINS ET CROQUIS ORIGINAUX A L'AQUARELLE ET A L'ENCRE DE CHINE

PAR DIVERS ARTISTES JAPONAIS

VENTE A L'HOTEL DES COMMISSAIRES-PRISEURS

9, RUE DROUOT (Salle n° 8)

Le Lundi 4 Juin 1894, à deux heures précises.

Exposition particulière, le Samedi 2 Juin, de 2 h. à 5 h., 10, rue Coëtlogon.

M* Maurice DELESTRE	M. Ernest LEROUX
Commissaire-Priseur	Libraire-Expert
27, RUE DROUOT, 27	28, RUE BONAPARTE, 28

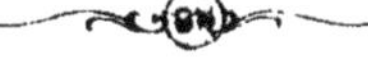

PARIS

ERNEST LEROUX, ÉDITEUR

28, RUE BONAPARTE, 28

1894

TABLE DU CATALOGUE

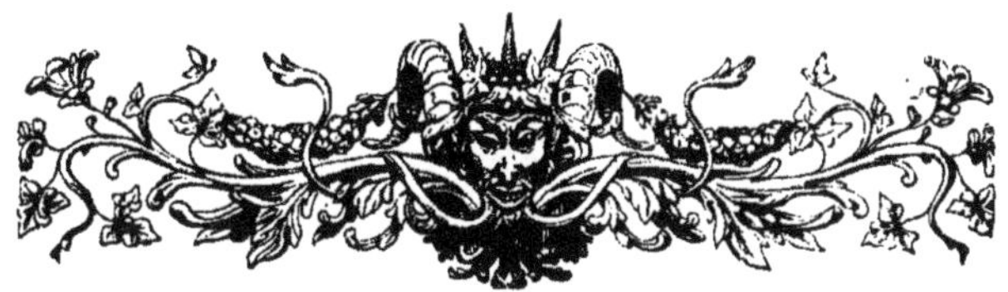

Livres & Manuscrits Orientaux

Du Général MIRZA REZA KHAN

Ancien Secrétaire-interprète de S. M. Nasr Eddin Shah

PREMIÈRE PARTIE

TEXTES ARABES, TURCS & PERSANS

imprimés en Orient.

1. — ARABE

1. — Die arabischen, persischen und türkischen Handschriften der Kais. Kœnigl. Hofbibliothek zu Wien, im Auftrage der vorgesetzten K. K. Behœrde geordnet und beschrieben von Dr. Gust. Fluegel. *Wien*, 1865-67, 3 vol. in-4°, d. r. dos et coins maroq. rouge, tête dorée.

2. — Diccionario español-latino-arabigo, en que siguiendo el diccionario abreviado de la Academia se ponen las correspondencias latinas y arabes...; compuesto por el P. Fr. Francisco Cañes. *Madrid*, *A. Sancha*, 1787, 3 vol. gr. in-fol., mar. rouge, dent., tr. dor.

Bel exemplaire en grand papier fort.

3. — Dictionnaire français-arabe (arabe vulgaire, arabe grammatical) contenant : 1° tous les mots de la langue française ; 2° la traduction arabe de tous les mots avec les différences spéciales aux divers pays musulmans, et leur transcription ; 3° la déclinaison des noms et adjectifs, la conjugaison des verbes, etc. ; 4° les différentes acceptions des mots avec de nombreux exemples, etc. ; 5° l'étymologie des mots dérivés. Par Ed. Gasselin. *Paris, Leroux,* 1880-89, 2 volumes in-4°, cartonnés.

> Ouvrage complet. Cet important dictionnaire donne la traduction en arabe de tous les mots du Littré.

4. — *Al Kasháf,* le grand commentaire arabe du Coran, composé en 1133 (A. H.), par Al Zamakhschari. Imprimé à Boulaq en 1281 (1864), 2 vol. in-4 en feuilles (pp. 483, 499).

5. — *El Fotouhat al Mekkiyah.* Les révélations de La Mekke. Sur les mystères des Malékites, par Mohyi eddin ibn Arabi. Texte arabe, imprimé à Boulaq, 1269-1273 (1853-56), 4 volumes in-4°, en feuilles.

6. — *Zubdet el lebb.* La crème de la médecine. Texte arabe d'Ismaïl Djordjani. Autographié, in-4°, cart.

7. — La grande chronique d'Ibn el Athir. Texte arabe. *Boulaq,* 1303 1886 , 12 parties en 6 vol. in-4°, rel. orientale.

> En marge : les *Prairies d'or* de Maçoudi pour les cinq premiers volumes et le *Raudhat el Manazhar* d'Ibn Chohna, pour le sixième.

8. — *Kitab Wafayat il Aydn.* Dictionnaire biographique d'Ibn Khallikân. 2 vol. — Supplément. 2 parties en un volume. *Boulaq,* 1299 (1882. Ensemble, 3 volumes in-4°, rel. orient.

9. — *Hadiqat el efrakh...* Le Jardin des plaisirs pour éloigner les chagrins. Recueil des poésies arabes les plus remarquables et d'anecdotes, en arabe, par Ahmed ibn Mohammed el Shirwani. *Calcutta,* 1229 (1813), in-4°, bas.

2. — PERSAN

10. — The Soorah. A dictionary of arabic words, explained in persian by Abool Fuzl Moohummud bin Omar bin Khalid, commonly called Jumal, being a translation of a very celebrated arabic Dictionary entitled the Sihah, revised and corrected according the authority of the Qamoos, the Shums ool ooloom, etc. *Calcutta*, 1812-1815, 2 vol. in-4°, veau fauve, dent., tr. dor. Bel exemplaire.

> Tome Ier, 648 pages, plus le titre anglais et le titre oriental, 2 feuillets. — Tome II, pages 649 à 1395, plus le titre oriental, le titre anglais et une dédicace en anglais, 3 feuillets. — Doubles chiffres européens et orientaux, 23 lignes. — Caractères nestaliq.

11. — *Borhâni Qâthi*. L'argument tranchant. Grand dictionnaire persan, expliqué en persan, par Mohammed Hussein, sur l'ordre de Sultan Abdallah Qotb Shah. Lithographié à Bombay, en 1267 1850 . 2 part. en un vol. in-fol. bas.

> Voir, sur l'importance de ce Dictionnaire, la préface de VULLERS : *Lexicon persico-latinum,* et *Lumsden's Grammar.*

12. — *Kitâb tebyâni nâfi' der terdjemëï borhâni qâthi'*. Livre de l'explication utile concernant l'interprétation du Borhâni Qâthi. *Constantinople*, rebi premier, 1214 1799 , 1 vol. pet in-folio, mar. bleu. dent., tr. dor. Très bel exemplaire.

> Traduction et explication en turc du dictionnaire persan intitulé *Borhâni Qâthi* (l'argument tranchant), composé par Ibn-Khalif el Tebrizi.
>
> En tête du livre est une préface du traducteur sur l'impression de l'ouvrage, avec une autre préface, à la page première, suivie d'un exposé de grammaire.
>
> En tout, 863 pages, plus 4 feuillets préliminaires non chiffrés. — 37 lignes. — Encadrement d'un double filet.

13. — *Borhâni Qâthi*. L'argument tranchant. Dictionnaire persan d'Ibn Khalif, arrangé et traduit en turc, par Ahmed Emin. Boulaq, 1251 1836 , in-folio, d. r. maroq. rouge.

14. — *Ferheng i Nassiri*. Dictionnaire poétique de la langue persane, par Riza Qouli Khan. Lithographié à Téhéran en 1277 A. H. Un vol. in-folio, basane.

15. — Quatre traités sur les langues arabe et persane. 1° Explication du *Mouzadjé*, grammaire arabe ; 2° Explication du Tasrif, grammaire arabe ; 3° Traité de rhétorique persane ; 4° Grammaire arabe. Lithographié en Perse. Un vol. pet. in-4°, bas. rouge.

16. — *Anwari Soheili*, le célèbre recueil de fables persanes. Lithographié en Perse, 1261 (1845), in-folio, belle reliure persane peinte, à décor de fleurs. Texte illustré de curieux dessins d'après un manuscrit.

> C'est le fameux recueil de fables indiennes de Bidpai, le *Pantchatantra*, qui, après avoir été traduit en pehlvi, au vi⁰ siècle de notre ère, pour le prince Sassanide Khosrou Nouschirwan, puis en arabe, sous le titre de *Kalila et Dimna*, fut, au xv⁰ siècle, traduit en persan par Hosain ben Ali, sous le titre d'*Anwair-i Sohaili*, les *Lumières de Canope*. Un peu plus tard, sous le règne du Sultan Soliman I⁰ʳ, l'ouvrage de Hosain fut traduit en turc par Ali Tcheleby, sous le titre : *Houmayoun Nameh*, le *Livre Impérial*. Les fables furent traduites en hébreu, et de là en latin par Jean de Capoue, vers 1265, sous le titre : *Directorium humane vite*. La version de Jean de Capoue est la source de laquelle dérivent les autres traductions ou imitations du fameux recueil dans les divers idiomes européens. Cf. S. de Sacy. *Calila et Dimna*, et Lancereau. *Pantchatantra*.

17. — *Kalilah wa Dimnah*. Le livre de Calilah et Dimnah, le recueil de fables, traduit de l'arabe en persan. Lithog. à Téhéran en 1864, in-8, rel. orientale.

18. — *Les Mille et une nuits*. Traduction persane. Lithographié en Perse, en 1280. Un fort volume in-folio, reliure en cuir vert, figures dans le texte.

19. — *Djameut Tamsil*. Contes persans, recueillis par Mohammed Djébeléh Roudy. Lithog. à Téhéran, 1273 (1856). In-8°, figures dans le texte, reliure en cuir.

20. — *The Shah Namu*, being a series of heroic poems, of the ancient history of Persia... by Firdousee. In eight volumes. Volume first. *Calcutta*, 1811, in-folio, veau.

21. — *Le Shah Nameh*. Le grand poème épique de Firdousi. Lithogr. à Bombay. Un vol. in-folio à 6 colonnes, reliure en cuir rouge, figures dans le texte.

22. — *Mesnevi*. Le livre des distiques, par Djelal-eddin-Roumi. Texte persan, avec une traduction juxtalinéaire en vers turcs. Boulaq, 1268 (1852). 6 tomes en 3 vol. in-folio, reliure à recouv.

23. — *Le Boustan* de Saadi. Lithogr. en Perse. In-4°, figures dans le texte, reliure orientale.

24. — *Soudi Cherhi Boustan*. Commentaire du Bostan de Saadi, par Mevlana Soudi el Bosnavi. Constantinople, Impr. impériale, 1288 (1871), 2 tomes en un vol. gr. in-8°, rel. orient. à recouv.

25. — *Barâhin el'adjem fi qavánin elmo' djem*. Anthologie persane de Mohammed Sipéhr Mostaoufi. Lithographié à Téhéran, en 1272 (1855), in-8°, bas. rouge.

26. — *Bahr annasab*, en persan. Lithogr. Petit in-4°, bas. rouge.

27. — Biographies des poètes, poésies en turc et en persan, recueil de lettres, etc., par Mirza-Abdoul-Vekheb, surnommé Mohtemed. Lithogr. en Perse, 1281, in-8°, bas. rouge.

3. — TURC

28. — *Kitab-lehdjet-el-loghât*. Livre du son des mots. *Constantinople, moharrem 1216 (1801), 1 vol. in-folio, rel. orient. à recouv.*

Dictionnaire de la langue turque, donnant les équivalents des mots turcs, en arabe et en persan et fixant la prononciation des voyelles, revu par Mehemmed-Es'ad efendi.

En tête du livre est une préface sur sa composition, puis une table de son contenu en 8 pages.

En tout 851 pages, plus 2 f. de préface et 4 f. de table.

29. — *Gulscheni Khoulefa.* Le Parterre des Khalifes. Histoire des Khalifes de Bagdad. Par Nazmi Zadeh Effendi, sheikh des Khalwetis, mort en l'an 1720, sous le règne d'Ahmed III. En turc. *Constantinople*, 1143 (1730), in-fol., rel. orientale, bas. rouge à comp. dorés, tr. dorées.

> Exemplaire réglé, chaque page entourée d'un filet rouge, le titre peint en or et couleurs.

30. — Recueil de lettres et de poésies turques, par Akif Pacha. *Constantinople*, 1259 (1843), 2 part. en 1 vol. in-8°, rel. or. à recouv.

4. — DICTIONNAIRE CHINOIS

31. — Perny (Paul). Dictionnaire français-latin-chinois de la langue mandarine parlée. *Paris*, 1869, in-4°, br. — Appendice du Dictionnaire français-latin-chinois. Paris, 1872, in-4°, br.

32. — Perny (Paul). Grammaire de la langue chinoise orale et écrite. Tome 1er. Langue orale. *Paris*, 1873, in-8°, br.

DEUXIÈME PARTIE

Précieux Manuscrits Arabes

Superbes Manuscrits Persans

enluminés et décorés de peintures

1. — MANUSCRITS ARABES

33. — LE CORAN EN ÉCRITURE COUFIQUE.
Manuscrit de la main du Saint Imam Rezi, en écriture coufique. 84 feuillets sur parchemin, en un volume petit in-4°, relié
en cuir gaufré.

34. — Fragments du Coran. PRÉCIEUX MANUSCRIT DU PREMIER SIÈCLE de l'hégire, en superbe écriture coufique sur parchemin. 12 feuillets in-4°, reliés en cuir rouge.

Rare spécimen de la plus ancienne calligraphie coufique, exécuté à l'encre d'or et accompagné de curieux ornements peints et dorés.

35. — Fragments du Coran. Six feuillets EN ÉCRITURE COUFIQUE DE FORME LAPIDAIRE. Manuscrit très ancien accompagné de six autres feuillets en belle calligraphie neskhi. Un volume de format in-4° dans une belle reliure persane peinte à décor de fleurs.

36. — Le Coran. (Fragments.) Manuscrit in-4° **EN BELLE ÉCRITURE COUFIQUE**, dans une reliure persane peinte à fleurs.

> Manuscrit fort ancien comprenant 5 lignes par page en beau caractère coufique lapidaire parsemé d'ornements dorés. Ce vénérable manuscrit a malheureusement quelque peu souffert de l'humidité, qui toutefois n'a guère atteint que les marges.

37. — Trois manuscrits en écriture coufique, de 4, 6 et 7 feuillets de format in-4°, en reliures molles.

38. — **LE CORAN, MANUSCRIT TRÈS ANCIEN RICHEMENT ENLUMINÉ** et décoré. Superbe calligraphie. Un volume in-folio, reliure orientale en cuir noir à recouvrement.

> Les premières pages de ce précieux manuscrit sont encadrées d'ornements peints et entourées de bordures de feuillage. Les suivantes, calligraphiées à l'encre d'or et en noir et bleu, sont entourées de filets peints et dorés. Des ornements décorent les marges. Enfin les dernières pages quoique ayant souffert du temps et de l'humidité montrent encore un superbe spécimen d'enluminure orientale.

39. — **LE CORAN. SPLENDIDE MANUSCRIT** copié, ainsi que l'indiquent les dates et signatures des deux dernières pages, par le **FAMEUX CALLIGRAPHE YACOUT**, en l'an 667 de l'hégire, à Bagdad, sous le dernier Khalife Abbasside-Al-Mostassem. Un vol in-4°, reliure en cuir noir à incrustations de cuir brun gaufré et doré, et doublé de maroquin rouge également incrusté de cuirs ornés.

> Ce précieux manuscrit contient ? pages très richement enluminées et qui constituent un remarquable spécimen du grand art de la calligraphie et de l'enluminure des manuscrits au temps des Abbassides. Toutes les autres pages sont encadrées de filets bleus et or et les lignes sont séparées par des ornements dorés.

Œuvre de premier ordre.

40. — **LE CORAN. MAGNIFIQUE MANUSCRIT** en belle écriture ancienne. Un vol. in-folio. Reliure remarquable en cuir brun à grands compartiments gaufrés et dorés à plats, doublée de maroquin rouge incrusté de cuir bleu gaufré et de dorures.

Les deux premières pages du manuscrit sont entourées de superbes encadrements peints et dorés. Toutes les autres pages calligraphiées en rouge, noir et bleu sont également décorées d'ornements en or et en couleur et encadrées de filets bleus et or. C'est, comme les précédents manuscrits, un précieux spécimen de la calligraphie orientale.

41. — Le Coran. (Fragment.) Manuscrit de 86 feuillets, en superbe écriture, sur fond d'or, avec ornements et filets. Un volume in-12, relié en cuir noir.

Ce manuscrit, dit une note, a été calligraphié vers l'année 600 de l'hégire et l'écriture a été reconnue pour être celle du Yacout, une des plus belles de cette époque.

42. — Le Coran. Texte arabe **EN ÉCRITURE MICROSCO-PIQUE** avec la traduction persane dans les marges. Trente-quatre feuillets de format petit in-folio dans une reliure persane à riche décor de fleurs dorées encadrées dans des inscriptions également dorées.

Œuvre patiente et véritable chef-d'œuvre d'un calligraphe habile, ce manuscrit est en outre décoré de nombreux ornements peints et dorés, et notamment les quatre pages de début où les entrelacs et les fleurs se combinent avec des inscriptions multicolores pour former une décoration d'une extrême richesse.

43. — Le Coran. Très beau spécimen de calligraphie microscopique exécuté en Perse. Joli petit manuscrit à couverture peinte.

44. — Petit Coran. Charmant manuscrit en écriture microscopique avec premières pages richement ornées et reliure peinte à fleurs.

45. — Petit manuscrit en arabe. Dix feuillets sur bois de cèdre. Reliure dorée.

46. — Le Coran. Texte complet calligraphié sur un long rouleau. Manuscrit en jolie écriture, avec des réserves de blanc formant des arabesques, des inscriptions, des ornements, etc. Rouleau mesurant plusieurs mètres, en un étui de cuir.

47. — Calendriers et talismans, en très belle écriture, sur parchemin. Trois rouleaux.

48. — Deux manuscrits arabes, en belle écriture, sur de longs rouleaux.

49. — **LE KAMOUS, OU L'OCÉAN**. Dictionnaire arabe de Firouzabadi. Manuscrit en grosse écriture, 2 vol. in-4°, demi-rel. tr. dor.

50. — **ADJAIB AL MAKHLOUKAT**. Les merveilles de la Création par Zakariya ben Mohammed ben Mahmoud Koufi Al Kazwini (mort suivant d'Herbelot en 674 de l'hégire). Manuscrit petit in-folio, relié en cuir rouge à ornements gaufrés.

> Ce manuscrit, copié vers l'an 1000 de l'hégire, comprend 608 pages, décorées d'environ 180 figures fort intéressantes, reproduisant tout le monde animé : les monstres (femme à deux têtes, homme à une jambe, etc.), les astres et les signes du Zodiaque avec leurs figures, les anges, jolie série de figures ailées ; les poissons, les mollusques et tout le monde de la mer, y compris les sirènes, les dragons et beaucoup d'animaux fantastiques, les oiseaux, les quadrupèdes, les arbres et les plantes et la manière de les cultiver, de petites scènes historiques ou légendaires, des types de divers peuples et de différentes races.

51. — **FARADJ NAMEH**. Traité de médecine composé par Aboul Khassem de Bagdad, sous le règne du Sultan Ahmed el Massoud. Manuscrit copié en 1203 (A. H.). Petit in-4°, reliure molle.

52. — Divers traités d'astronomie, en arabe, en turc et en persan. Le premier est en turc, et le dernier consacré à l'usage des astrolabes, avec de jolies figures peintes et dorées. Six manuscrits réunis en un volume in-12, cart.

> L'un de ces traités a été écrit pour le Sultan Soliman le Grand.

53. — Traités de médecine, maladies des yeux, médecine aphrodisiaque, traités d'astrologie, propriétés des nombres, etc., en arabe et en persan. 6 manuscrits reliés, qui pourront être vendus séparément sur demande.

54. — Traité arabe de médecine précédé d'un petit traité sur les anciens poids. In-8° relié. Manuscrit.

55. — Deux traités de médecine et d'astrologie. Manuscrits en arabe. dont l'un écrit à La Mecque.

56. — *Tazkeret de Daoud al Fuid al Antak (d'Antioche)*. Livre de médecine traitant des médicaments simples, des maladies et de leur traitement. Rédigé sous forme de dictionnaire. Gros manuscrit in-8, reliure orientale.

57. — Traité de médecine en arabe, par Ali ed din Ali Ibn Abalazmia Kharéchi. Manuscrit copié en 1033 de l'hégire. Un vol. in-12 relié en cuir noir.

58. — Petit traité de médecine, manuscrit arabe écrit vers l'an 900 de l'hégire. Un vol. in-18 cart. — Petit traité de physiologie. Manuscrit de petit format carré, cart. Ensemble 2 vol.

59. — *Adjâib al Makhloukat*. Manuscrit en arabe avec un grand nombre de peintures. In-folio relié.

> Manuscrit incomplet, défectueux, et contenant un grand nombre de feuillets déchirés.

60. — Deux traités de médecine en persan : 1. Pathologie. — 2. Traitement des malades. Manuscrit persan. In-8°, reliure molle.

---

2. — MANUSCRITS PERSANS

décorés de peintures

61. — **SHAH NAMÉH**. Livre des Rois, le grand poème épique de Firdousi. Manuscrit persan à 4 colonnes en écriture ta'aliq, in-folio, reliure orientale à recouvrement, ornements à froid. Manuscrit soigné mais avec quelques mouillures et quelques raccommodages. La moitié de la première page a été déchirée dans sa longueur et manque.

Important manuscrit ancien, décoré de cent miniatures à mi-page. Ces curieuses peintures représentent des intérieurs princiers, des chasses au sanglier, au lion, au tigre, de terribles luttes corps à corps, des scènes de carnage, des combats contre des monstres et des animaux fantastiques, etc., etc. Elles sont fort intéressantes pour l'étude du costume, des armes, des instruments de musique, les harnachements des chevaux, la décoration intérieure des palais, etc. Dans quelques-unes, les figures ont été grattées par quelque musulman fanatique. L'ensemble n'en constitue pas moins un curieux et précieux document tant au point de vue artistique qu'au point de vue de l'histoire des mœurs et du costume dans la Perse ancienne.

62. — LE DIWAN DE HAFIZ. Joli manuscrit contenant les œuvres lyriques du fameux poëte de Chiraz. Un volume in-12, à couverture peinte sur les plats à l'extérieur et à l'intérieur.

Ce manuscrit, en une petite écriture fine et soignée, est richement enluminé de bordures et d'encadrements. Il contient deux frontispices et trente-cinq petites miniatures peintes et dorées.

63. — LES POÈMES DE SAADI, avec commentaires marginaux. Manuscrit écrit en 995 de l'hégire sur papier à semis d'or. In-4° en reliure persane à fleurs peintes.

Remarquable manuscrit en très belle écriture ta'aliq dans des encadrements peints et dorés. Les deux premières pages sont magnifiquement décorées d'inscriptions blanches sur fond d'or parsemé de fleurs aux couleurs variées, au milieu d'entrelacs peints et dorés sur un fond bleu très décoratif. Plusieurs autres pages sont également ornées et un grand nombre de vignettes peintes illustrent les principales scènes des poèmes. **Ces peintures fort curieuses présentent un véritable tableau des mœurs, des costumes, de l'ameublement, de l'architecture en Perse au Xe siècle de l'hégire**. Une partie des sujets sont peints en hauteur à mi-page, les autres forment au milieu des pages comme un petit tableau dans un encadrement finement décoré. Les deux dernières compositions sont des sujets érotiques.

Les poèmes que contient ce manuscrit du grand poëte de Chiràz sont le Gulistàn qui a été traduit en français par Sémelet et plus tard par Defrémery et le Boustàn ou Verger traduit par M. Barbier de Meynard. (*Paris Leroux, 1880.*)

Saadi acheva le Boustàn à la fin de l'année 1257, le Gulistàn l'année suivante et dédia ces deux chefs-d'œuvre à son bienfaiteur Abou-Bekr, qui, par la protection qu'il accordait aux lettres comme par la sagesse de son gouvernement, était bien digne d'un tel hommage. (Barbier de Meynard. Introduction, p. XIX.)

64. — GULISTAN ou le Parterre de roses, poème persan du Sheikh Moslih-eddin Saadi, de Chiraz. Superbe manuscrit, daté de 970. Un volume in-4°, reliure en basane rouge.

Ce beau manuscrit se compose de 288 pages en belle écriture ta'aliq. Chaque page richement encadrée de filets peints et dorés est montée sur

marges en papier de couleur, décoré de fleurs et d'oiseaux à l'encre d'or.
Les deux premières pages forment un riche frontispice enluminé par un
habile miniaturiste. Le manuscrit renferme en outre six compositions à
toutes pages, illustrant des épisodes du poème. **Ce sont des peintures fort intéressantes du X· siècle de l'hégire.**

1. Un prisonnier, condamné à mort sur l'ordre d'un prince, est sauvé
grâce à l'intervention d'un vizir.

2. Un jeune garçon, se trouvant malade à bord d'un vaisseau, et fatiguant le Padichâh de ses lamentations, le médecin le fait jeter à l'eau,
assurant qu'après cette immersion il sera guéri du mal de mer.

3. Cadeaux offerts à un paysan qui a apporté des mets à un prince
égaré avec sa suite, dans une partie de chasse.

4. Un bateau chargé d'une douzaine de passagers.

5. Un cavalier apporte une nouvelle de victoire à son prince moribond,
étendu sur sa couche. « Cette bonne nouvelle n'est plus pour moi, mais
pour mes héritiers, » dit le prince, avec un soupir.

6. Un intérieur d'école. Curieuse et plaisante composition.

Superbes Manuscrits du KHAMSEH-I NIZAMI
OU LES CINQ POÈMES
DU SHEIKH NIZAMI GANJAOUI
1125-1209 de J.-C.

Ces cinq poèmes sont : 1° L'*Iskendar Namé*, ou Poème d'Alexandre,
racontant les exploits fabuleux du héros et sa lutte contre Gog et Magog.
2° *Makhzan ul Asrâr*, ou le Trésor des secrets. 3° *Medjoun et Leïla*,
deux amants non moins célèbres pour leur fidélité et leur constance que
pour leur chasteté. 4° *Khosrau et Schîrîn*, deux autres amants. 5° *Heft
Peiker*, recueil de contes.

65. —— **KHAMSEH-I NIZAMI.** Les cinq poèmes de Nizâmi
en persan. **ADMIRABLE MANUSCRIT ANCIEN**
à riches enluminures. Un volume in-folio, reliure en cuir noir
doré inscruté à l'intérieur de cuirs gaufrés peints et dorés. **300** (100 md.)

Le manuscrit est décoré de superbes peintures. Le texte, à quatre
colonnes, en belle écriture ta'aliq, est encadré de filets peints et dorés.
Les chapitres sont divisés par des ornements variés en or et en couleur.
Les deux premières pages nous montrent des compositions fort curieuses :
Une école de Mollahs, les uns occupés à l'étude, les autres s'inclinant vers
La Mecque et faisant leurs prières.

Dans la seconde, on voit les mêmes jeunes gens se livrant à leurs
ablutions, et se mêlant à des gens qui préparent divers aliments. La
scène est animée et plaisante. Les deux pages suivantes sont décorées
d'entrelacs et d'encadrements à larges bordures du plus beau style.
Le reste du manuscrit renferme 5 en-têtes à riches décors et 17 grandes
miniatures à toute page illustrant des scènes des poèmes. Les deux der-

nières représentent des chasses. Une des miniatures est curieuse, elle nous montre des jeunes gens assis sous de grands arbres ou se livrant au plaisir de la musique et de la danse. Ils sont vêtus de longues lévites et portent sur la tête des capeluches. La composition rappelle vaguement une fresque du Campo-Santo de Pise.

D'ailleurs la plupart des peintures qui ornent ce manuscrit ne sont pas sans analogie avec les miniatures de nos vieux Missels et de nos Romans de Chevalerie du moyen-âge.

66. — **KHAMSEH-I NIZAMI**. Les cinq poèmes de Nizâmi. **SUPERBE MANUSCRIT** à 4 colonnes, en écriture ta'aliq. Achevé de copier en 1249 (1833). In-fol. mar. vert à compartiment. Texte encadré de filets peints et dorés, des ornements dorés séparent chacun des vers des poèmes.

Ce beau manuscrit est orné d'une quarantaine de miniatures en style indo-persan. Chacun des poèmes est précédé d'un en-tête à riches ornements peints sur fond d'or.

67. — **LES POÈMES DE NIZAMI**. Superbe manuscrit de format in-4°, relié en cuir noir. 600 pages à 4 colonnes dans des encadrements bleu et or, nombreuses enluminures et peintures fort remarquables.

Le premier poème est décoré de deux pages peintes et dorées.

Le second poème commence par deux pages décorées de riches arabesques et d'entrelacs peints et dorés, du plus beau style. Il est en outre décoré de huit compositions dont sept d'un aspect tout particulier. Ces pages, d'un beau dessin, et d'une exécution soignée, sont peintes chacune dans une tonalité différente, noire, dorée, verte, rose, bleue, jaune, blanche, avec des allures d'émail, des tons de porcelaine ou de laque comme les belles miniatures de l'école Japonaise de Tosa. Les têtes des personnages peintes à la gouache ajoutent encore à cette ressemblance. Toutes représentent un jeune prince, le héros du poème dans d'élégants intérieurs, au milieu de femmes faisant de la musique, préparant des mets délicats et partageant ses plaisirs.

Le troisième poème est décoré de deux pages richement enluminées et de huit peintures. La fin du manuscrit contient encore six pages décorées d'entrelacs et sept peintures intéressantes.

68. — Poèmes de Nizâmi. Manuscrit en belle écriture ta'aliq, contenant les poèmes suivants : 1° Makhzan ul Asrar. 2° Medjnoun et Leïla. 3° Khosrou Shirin. 4° Heft Peiker. Un volume in-8°, jolie couverture peinte.

Le titre de chacun des quatre poèmes est enluminé et encadré d'entrelacs peints et dorés. Le texte est encadré de filets et orné de dix miniatures intéressantes.

69. — YOUSOUF ET ZULEIKHA, poëme de Djâmi. **JOLI MANUSCRIT** persan en écriture neskhi sur papier semé d'or. Texte encadré de filets d'or et de couleur. Reliure peinte à riche décor le dos est cassé.

Ce précieux manuscrit, de petit format, commence par deux pages encadrées d'ornements en or et en couleur. Il est décoré de soixante-huit miniatures finement peintes et d'une belle conservation. Elles représentent les principales scènes du poëme ; elles nous montrent de somptueux intérieurs et de riches costumes et nous initient par mille détails curieux à la vie intime des princes persans.

Le style des miniatures, le costume des personnages, les détails de l'ornementation, tout indique que ces peintures ont été exécutées dans l'Inde. On en aurait d'ailleurs la preuve dans ce fait que plusieurs divinités hindoues à quatre bras figurent dans ce manuscrit qui débute par une peinture représentant le cheval ailé de Mahomet au milieu des anges du Paradis Musulman.

Le poëme est consacré aux amours de Joseph avec Zuleikha, fille du Pharaon et femme de Putiphar. « Les Musulmans prétendent, dit d'Herbelot, que ces deux amants ne sont que la figure de l'âme fidèle qui s'élève par l'amour jusqu'à Dieu, de même que les Livres Sacrés emploient les noms de l'époux et de l'épouse dans le Cantique des Cantiques. »

70. — LUBB OUT TAWARIKH. HISTOIRE DES SÉFÉVIS, par le cadi Ahmed Ibrahim Alhousaini. Superbe manuscrit, in-fol., reliure orientale, en chagrin noir, avec incrustations en cuir brun gaufré, doublé de mar. rouge. (Incomplet des derniers feuillets.)

Ce précieux et magnifique manuscrit, exécuté sur papier de Kambalou, **provient de la collection de M. de Gobineau**. La première page écrite sur un semis d'or est surmontée d'un charmant en-tête composé de fleurs et d'entrelacs sur fond bleu et or. Les autres pages écrites en ta'aliq sont encadrées de filets d'or et de couleur. La seconde partie est, comme la première, précédée d'un en-tête à riche décor bleu et or. Le manuscrit est enrichi de dix grandes miniatures à toute page, d'une exécution fort remarquable et très soignée. **C'est une œuvre très importante de la belle époque de l'art persan** et qui ajoute une grande valeur à celle que ce précieux manuscrit tire de lui-même par son intérêt historique et sa rareté.

71. — *Chronique de Tabari*. Abrégé traduit en persan par le vizir Belâmi. Manuscrit. Un volume in-folio, relié en cuir noir.

Cette chronique a été traduite en français par M. H. Zotenberg. Paris, 1867-1874. 4 vol. in-8°.

72. — *Zafer Nameh*, ou *Sohab-Gjerani*. Histoire de Tamerlan (Timour Lengh), par Cheref-Eddin Ali Yazdi, composée en l'an 828 de l'hégire, manuscrit in-8°, de 814 pages, reliure en cuir.

73. — *Nozhet el Kouloub*. Traité d'histoire naturelle, trad. en persan, manuscrit. In-4°, relié en cuir noir.

74. — Les Constellations et les Signes du zodiaque. Très curieux manuscrit écrit vers l'an 1000 de l'hégire, contenant 23 figures intéressantes au trait. Un volume in-8°, reliure en cuir rouge.

75. — **ADJAYB AL MAKHLOUKAT.** Les Merveilles de la Création, précédé d'une chronique des rois de Perse. Manuscrit persan daté de 1075 (1664). 1 vol. in-4°, reliure molle en maroquin noir. (Provient de la collection de M. de Gobineau.)

Le manuscrit, incomplet des premiers feuillets, est orné d'intéressantes miniatures, malheureusement dégradées en partie. Il contient des détails inédits sur les Arsacides. Cf n°ˢ 50 et 59.

TROISIÈME PARTIE

Miniatures Indo-Persanes

ET

PEINTURES EXÉCUTÉES EN PERSE

1. — MINIATURES INDO-PERSANES

76. — LE TIR A L'ARC. Dans la cour intérieure d'un palais, aux murailles crénelées, on a dressé un poteau au bout duquel est suspendu une grenade. Un archer, monté sur un cheval noir, lancé au galop, décoche une flèche qui va percer le fruit. La foule de personnages réunis dans l'enceinte manifeste par ses gestes et ses applaudissements son admiration pour cet exploit.

> Belle peinture où une soixantaine de personnages sont groupés avec une certaine habileté et peints avec un soin qui semblerait indiquer que ce sont autant de portraits. Par-dessus les murailles on aperçoit des collines verdoyantes et les constructions d'un palais.

77. — LE PENDU. Un pavillon de forme hexagonale au milieu de la cour d'un palais. Par une large baie, on voit à l'intérieur se balancer au bout d'une corde un jeune homme qui vient de se pendre et dont les pieds nus ont culbuté la table qui lui avait servi à réaliser son funeste projet. A cette œuvre de mort le peintre a cru devoir opposer le spectacle de la vie. Dans le ciel, volent des oiseaux. Au-dessus du pavillon, un superbe paon étale son riche plumage et, par delà les murs de la cour, de grands arbres dressent leurs tiges verdoyantes.

78. — **LE GÉANT**. Un géant porte sur ses épaules un énorme quartier de rocher. Figure curieuse et qui se rapproche bien plus de l'iconographie occidentale que de la miniature indienne ou persane. Le costume même, robe bleue et culotte rouge sur des jambes nues, et le coloris et les recherches de modelé, tout concourt à donner l'illusion d'une œuvre d'influence occidentale. Au second plan, le paysage peuplé de nombreux animaux mérite aussi d'être signalé.

79. — **LE BARBIER**. Près d'une piscine de natation, un homme accroupi se fait raser la tête par un barbier. Tous deux n'ont pour costume qu'une jupe transparente en étoffe rouge. La scène est éclairée par une bougie. Curieuse peinture de petit format.

80. — **LA CHASSE AUX LIONS**. Au centre de la composition, l'empereur Aureng-Zeb, monté sur un grand éléphant noir, s'apprête à percer d'une flèche une lionne qui dévore un chasseur tombé de son cheval. Des piqueurs se précipitent, mais déjà l'éléphant a saisi le fauve et l'enlève de sa trompe. Au premier plan, un lion bondit sur un chasseur monté sur un cheval blanc. Dans le fond, un paysage où l'on distingue divers animaux et, dans un champ voisin, un laboureur poussant deux bœufs devant lui sans paraître prendre garde aux scènes tragiques qui s'accomplissent près de lui.

81. — **LA MÉDITATION**. Une femme, aux longs cheveux épars, tient d'une main un livre ouvert et, de l'autre, soutient sa tête pensive, les yeux perdus dans le vague et comme en proie à une profonde méditation. Charmant petit portrait en buste, entouré d'une auréole dorée dans un riche encadrement. Cette tête expressive, et du dessin le plus fin, semble empruntée à l'iconographie chrétienne et rappelle une de ces Madeleines pénitentes que les Italiens du XVI siècle se plaisaient à peindre. Au verso de cette œuvre délicate, on a collé une peinture également intéressante, deux papillons sur fond blanc dans de riches encadrements.

82. — UN PRINCE INDIEN, en costume blanc, armé d'un sabre et d'un large bouclier noir. Joli portrait en pied sur fond bistré.

83. — LES ANACHORÈTES. Curieuse composition au trait rehaussée seulement de quelques touches d'or. Quatre personnages à peu près nus, deux hommes et deux femmes, sont assis autour de quelques tisons enflammés et semblent écouter avec onction la parole du plus âgé des quatre qui parle tout en égrenant un chapelet.

84. — LA SORTIE NOCTURNE. Une jeune femme, couverte d'un léger vêtement tissé d'or, dont la transparence laisse voir les gracieux contours de son corps charmant, rentre dans son palais au milieu de la nuit. Jolie peinture très finement exécutée. Au verso une superbe page en écriture ta'aliq au milieu d'ornements peints et dorés.

85. — L'EMPEREUR AKHBAR et deux de ses ministres. Peinture inachevée. L'Empereur est vu en buste sur son trône. Les deux autres personnages sont debout à côté de lui. Les têtes sont terminées, le reste de la composition n'est exécutée qu'au trait.

86. — UN SOIR DE FÊTE A BÉNARÈS. Trois jeunes femmes sur une terrasse tirant des fusées qui tombent en gerbes d'or dans la nuit.

87. — COMBATS CONTRE DES GÉANTS. Peintures détachées d'un manuscrit du *Chah Nameh*.

88. — L'EMPEREUR ALEMGUIR et Chah Behadir Padishah. Portraits en buste finement peints, dans de riches encadrements. Au verso de superbes pages de calligraphie persane.

89. — L'EMPEREUR HUMAIOUN en costume blanc. Belle miniature dans un encadrement peint et doré. — Portrait en buste d'un autre prince de l'Inde avec son fils. Fond de paysage.

90. — **DEUX PRINCES** de l'Inde, peints en buste, dans des encadrements en forme de médaillons. Au verso, des inscriptions persanes.

91. — **INSCRIPTIONS PERSANES.** Huit feuilles contenant au recto et au verso des inscriptions persanes, véritables chefs-d'œuvre de calligraphie orientale.

92. — **PORTRAITS DE DEUX FILS DE L'EMPEREUR AKHBAR.** Le prince Soliman Choukouh et un autre prince.

Deux charmants petits portraits en médaillons, très finement exécutés et montés dans de jolies encadrements. Au verso, belles inscriptions en ta'aliq.

93. — **JOSEPH PARAISSANT DEVANT LA FEMME DE PUTIPHAR.** Peinture curieuse, de format oblong. Style indo-persan.

La Princesse est assise sur un trône, au milieu d'un parc. Les dames de sa Cour sont autour d'elle, uniformément vêtues d'une robe dont la large échancrure laisse voir à nu les deux seins. Tous les regards sont fixés vers Joseph, et la beauté du jeune homme produit une telle impression que les dames en restent immobiles et comme pétrifiées. L'éventail en plumes de paon cesse de s'agiter entre leurs mains, les couteaux laissent à moitié pelée l'orange entamée; quelques-unes même se coupent aux doigts. Tous ces détails d'observation donnent à la pièce un intérêt tout spécial. La beauté de Joseph était célèbre parmi les Orientaux qui lui donnèrent le titre de *Lune de Chanaan.* « Je comprends fort bien, s'écrie le poète Hafiz, comment l'excellente beauté de Joseph peut et doit transporter hors des bornes d'un amour ordinaire le cœur de Zuleikha. »

94. — **LUTTEURS ET ACROBATES.** Intéressante peinture à vingt personnages. Format oblong.

95. — **PRÉDICATION DU PREMIER JOUR DE L'AN DANS LA MOSQUÉE DE KERBELA.**

Le prêtre est debout sur une chaire en pierre noire, décorée de deux étendards. L'auditoire est exclusivement composé de femmes. Celles-ci, la gorge nue, sont accroupies dans la grande mosquée, éclairée par quelques flambeaux. Presque toutes elles ont une main posée sur le sein droit, une autre sur la tête.

Kerbela est, on le sait, le lieu vénéré des Musulmans Chyites. Des milliers de pèlerins viennent y prier sur le tombeau de l'Imam Hussein, fils d'Ali. Ali ayant été assassiné dans la grande mosquée de Koufa, Hussein, son fils, refusa de reconnaître Yézid, fils de Moawia pour

Khalife légitime. Il se retira à La Mecque. Mais, surpris avec ses partisans,
dans le désert sablonneux de Kerbela, il fut massacré par les cavaliers de
Yézid. Le martyre de l'Imam Hussein a fait l'objet d'une *Téazié*, sorte de
Mystère, analogue à nos représentations de la Passion. On lira avec
intérêt les scènes de douleur et de violences auxquelles se livrent
hommes et femmes durant le spectacle (Cf. Chodzko. *Théâtre persan.*
Paris, Leroux, 1878).

96. — CHAH ALEMGUIR. L'empereur donne audience à trois
princes dans un parc.

97. — UN GOUVERNEUR DE PROVINCE, monté
sur un cheval blanc dont les pattes et le poitrail sont teintés de
henné. La peinture se détache sur un rocher noir. Au second
plan, des collines verdoyantes au pied desquelles coule une
rivière. Style indo-persan.

2. — PEINTURES PERSANES

98. — LA SAINTE FAMILLE. Peinture persane représentant
la Vierge tenant dans ses bras l'Enfant Jésus, et, près d'elle,
saint Joseph avec un livre ouvert à la main. La composition est
surmontée d'un lion dévorant un bœuf. Le tout est entouré de
riches encadrements peints et dorés de style persan.

> Ces sujets chrétiens ont été peints en Perse d'après des gravures
> apportées au XVIIe siècle par des moines Augustins Portugais. Elles sont
> aussi rares que curieuses.

99. — DEUX BŒUFS DANS UN RUISSEAU. Peinture
en grisaille d'après des documents européens. Encadrement de
style persan.

100. — UN ROSIER. Peinture en grisaille. Influence européenne.

101. — UN ROSSIGNOL ET UN PAPILLON au milieu
des roses. Jolie peinture de style persan, sur fond blanc.

102. — ROSES, PAPILLON ET ROSSIGNOL. Jolie
peinture sur fond d'or.

> La rose et le rossignol jouent un grand rôle dans la littérature et dans
> l'art de la Perse. On lira à ce sujet, avec intérêt : *La rose et le rossignol*,
> allégorie orientale, traduite de l'arménien par Le Vaillant de Florival.
> Paris, 1833.

103. — UN ROSSIGNOL ET UN CANARI. Étude d'oiseaux d'après nature, sur fond blanc.

104. — UN ROSSIGNOL CHANTANT AU MILIEU DES ROSES. Belle peinture sur fond jaune.

105. — DEUX COMPOSITIONS superposées. Vue d'un palais au milieu d'un parc. — Un petit lapin et un dahlia. Encadrements.

106. — ÉTUDES DE ROSES. Jolie peinture sur fond jaune. Encadrements.

107. — UN ROSSIGNOL AU MILIEU DES ROSES. Peinture sur fond blanc. Encadrements.

108. — UNE DAME PERSANE. Portrait en buste, peint en grisaille, dans un bel encadrement.

109. — UN ÉLÉGANT. Portrait d'un Turc, en costume rouge et en turban blanc. Riches encadrements.

110. — UNE DAME TENANT UNE ROSE A LA MAIN. Esquisse au trait. Encadrement doré.

111. — PORTRAIT DE TAMERLAN. L'Émir Tamerlan Gourkhan, le fameux conquérant, est représenté assis à terre, un arc et un carquois attachés à sa ceinture. Sa tête, au type Mongol, est coiffée d'un turban. Dessin au trait sur fond d'or. Œuvre intéressante d'un artiste persan du XVIIIe siècle.

112. — KÉRIM KHAN ZEND, gouverneur de la Perse, dans son palais de Chiraz.

> Le personnage est assis, fumant son houqqah, devant un festin somptueux, en compagnie de son chat. Belle pièce, encadrée sur carton à fleurs peintes.

113. — UNE DANSEUSE. Charmant portrait peint par Mirza Baba en 1144 (A. H.).

> La femme est assise sur une galerie donnant sur un jardin orné d'orangers. Elle porte un riche costume tout brodé d'or; ses mains et ses pieds sont teints de henné. Elle vient de remplir de vin un verre qu'elle s'apprête à boire. Sur sa tête, un superbe turban dans lequel on a piqué une rose.

114. — L'EMPEREUR CHAH ABBAS. Peinture du
XVIIIe siècle.

> Le Padichah, en grand costume, est accroupi sur un tapis. Un écuyer
> porte son sabre ; un autre, son carquois. Devant lui, ses deux ministres,
> un cheikh et un émir.

3. — PEINTURES PERSANES A L'HUILE

115. — PORTRAIT DE MEHEMMED SHAH, en grand
costume, orné d'une décoration avec le portrait de Fath Ali Shah.

116. — PORTRAIT DE HADJI MIRZA AGHASI, premier ministre de Mehemmed Shah, entouré de trois autres personnages.

117. — UNE JEUNE FEMME à demi nue tenant un verre
d'une main et de l'autre une bouteille.

> Curieuse Peinture malheureusement détériorée.

118. — VUE D'UN PALAIS ET DE SES JARDINS.
Au premier plan, des corbeilles de fruits, un vase de fleurs et un
singe. Détérioré.

> Cette peinture est signée Mirza Baba et datée de 1208 de l'hégire. Les
> autres peintures sont probablement du même artiste. Elles ont été
> détachées des panneaux d'un palais en Perse.

4. — AUTOGRAPHES DE PRINCES

119. — DEUX FIRMANS de Fath Ali Chah, datés de 1212 et
1213.

**120. — AUTOGRAPHE DE CHAH SULTAN HUSSEIN
SÉFÉVI.** Pièce en belle calligraphie neskhi, avec le cachet du
Prince.

> C'est un titre de liberté de l'esclave géorgien Bahram, donné par Allah
> Verdi Khan au Chah (1120, A. H.).

5. — CONTRATS PERSANS

121. — Contrat de mariage persan. Douaire de la femme. Une grande feuille calligraphiée avec ornements peints et dorés.

122. — Contrats de propriétés, donnés en legs religieux. 2 pièces datées de 1244 de l'hégire. Documents écrits sur calicot blanc, et rehaussés d'ornements peints et dorés. Un grand nombre de cachets dans les marges.

PEINTURES INDIENNES

123. — Les Incarnations de Vichnou. Curieuse suite de sept miniatures représentant des scènes de la Mythologie Hindoue.

PEINTURE ARMÉNIENNE

124. — Intéressante peinture représentant une île au milieu de laquelle s'élève une église ; autour de l'édifice sont groupés onze évêques ou moines ; un peu plus loin, on voit l'architecte qui a présidé à la construction. Sur la rivière trois barques portent des moines. Dans les airs, des têtes d'anges ailés et saint Georges à cheval terrassent le dragon.

> Cette peinture forme un frontispice à une Lettre de bénédictions écrite par des Évêques arméniens pour remercier une personne qui avait fait à leur Couvent un don de vingt pièces d'or. Les cachets des Évêques sont en marge. L'un d'eux est daté de 1246.

MANUSCRITS HÉBREUX

125. — Le Livre d'Esther. Manuscrit hébreu sur parchemin ; un long rouleau.

126. — Autre manuscrit hébreu ancien sur parchemin ; un long rouleau dans un étui en cuivre. Le texte forme de petites pages encadrées d'ornements et d'inscriptions hébraïques à l'encre rouge.

127. — Le Livre d'Esther en hébreu. Copie sur parchemin en un long rouleau.

MANUSCRITS PALIS
en caractères en gomme de laque
Sur feuilles de cuivre et sur feuilles de palmier
Spécimens très rares d'un art tout spécial qui ne se trouve représenté
que dans quelques grandes bibliothèques européennes

TROIS MANUSCRITS EXÉCUTÉS AU XVIIᵉ SIÈCLE
dans les bonzeries de Mandalay par les Talapoins.

128. — Premier manuscrit. 18 feuilles de cuivre entre planchettes de
bois doré.

129. — Deuxième manuscrit. 14 feuilles de cuivre entre planchettes
de bois doré.

130. — Troisième manuscrit. 17 feuilles de palmier, entre planchettes
de bois doré.

Ce sont des fragments du *Kammavakya*, livre de rituel bouddhique qui
a été publié sous ce titre : **Kammavakya**, *liber de officiis sacerdotum
Buddhicorum*. Palice et latine edidit et annotavit F. Spiegel. Bonnae ad
Rhenum, 1841.

Les feuilles oblongues de cuivre ou de palmier sont, dit Burnouf,
enduites d'un vernis doré, suivant la méthode usitée pour les livres sacrés
des Birmans. Symes a décrit la manière dont on formait ces sortes de
feuilles. (*Symes. Embassy to Ava.*) On recouvre une planchette très mince
ou une feuille de palmier d'un vernis brun, que l'on colore en rouge
foncé, en vert ou en bleu. Sur ce fonds, on écrit les caractères avec du
vernis semblable à celui qui sert à composer la feuille, et, entre chaque
lettre, on trace de nombreuses raies en or, ce qui donne à chaque page
l'apparence d'une planche dorée. (Cf. Burnouf et Lassen. *Essai sur le pâli.*)

QUATRIEME PARTIE

BIJOUX PERSANS

Cachets, Pierres gravées, Amulettes et Objets divers.

131. — Quatre bracelets formés de pierres gravées avec inscriptions, montés sur argent.

132. — Une paire de boucles d'oreille en argent.

133. — Une petite bouteille en verre décorée d'oiseaux en émail blanc.

134. — Deux pierres plates à dessins gnostiques.

135. — Cachets de divers princes et ministres. 3 pièces.

136. — Deux cachets montés en argent.

137. — Une bague en cornaline.

138. — Une autre bague en jadéite destinée à être portée au pied.

139. — Une douzaine de petites pierres gravées avec inscriptions persanes.

140. — Cornalines avec inscriptions persanes gravées.

141. — Perles, balles de fronde, etc. Une dizaine de petits objets.

142. — Cachets, pierres gravées et amulettes avec inscriptions. Cinq pièces.

143. — Petite idole en or trouvée à Ecbatane.

144. — *Guen Djefeh*, jeu de cartes persan. Une quarantaine de petites cartes peintes sur carton laqué.

145. — Un lot de cuillères et de manches en bois sculpté. 21 pièces d'un travail très fin, la plupart ayant subi des avaries. Ces pièces seront vendues séparément.

146. — Boite à miroir, avec son couvercle. Décor de fleurs et d'oiseaux, avec riches encadrements, sur carton laqué.

ÉTOFFES ET BRODERIES PERSANES

147. — Grand tapis du Ghilân, brodé en soie sur drap rouge. Magnifique spécimen de l'art de la broderie en Perse. Dimensions : 3 m. 15 sur 3 m. 15.

148. — Tapis rond de table, brodé au Ghilân. Broderie de soie sur drap rouge, même travail que le précédent.

149. — Bonnet de derviche brodé en fils d'or et d'argent sur velours rouge.

> Superbe travail. Le bonnet se compose de quatre compartiments représentant des ornements, des oiseaux, des arbres et des fleurs aux couleurs de pierres précieuses. Sur une large bande d'argent sont brodés des ornements et des inscriptions en noir.

150. — Trois bonnets de derviche à riches décors brodés en soie et en fil d'or sur drap rouge. Ces pièces seront vendues séparément.

151. — Robe persane en soie rouge et soie d'or.

152. — Autre robe en soie bleue et soie d'or.

153. — Une pelote brodée en fil d'or.

154. — Cinq pièces d'étoffes d'environ deux mètres chacune. Soie et taffetas à rayures.

155. — Ancienne broderie française en fil de lin, longue bande de trois mètres de long, ayant servi de devant d'autel. On y voit divers animaux, licornes, dragons, etc. et des arbres. Œuvre intéressante, malheureusement un peu avariée.

156. — Broderies de soie sur linon. Six pièces de différentes dimensions du travail le plus délicat. Ces pièces seront vendues séparément.

JETONS EN NACRE

157. — Cinquante jetons en nacre, avec dessins gravés, travail chinois.

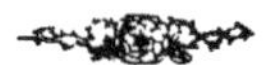

CINQUIÈME PARTIE

Estampes Japonaises

ENCADRÉES SOUS VERRE

TRÈS BELLES PIÈCES EN TIRAGE ANCIEN

ATELIER DES TORI-I (XVIIIe siècle)

158. — Le combat du jeune Yoshitsouné contre le géant Benkei, sur le pont de Gôdjô.

SOUZOUKI HAROUNOBOU

159. — Trois jeunes femmes traversent un gué, en relevant leurs jupes. Les nus des personnages sont rehaussés d'un ton, particularité assez rare dans les estampes d'Harounobou.

HOKUSAI

160. — Une femme près d'une cuve dans un jardin. Jolie pièce tirée en Sourimono.

HIROSHIGHÉ

161. — Une averse au bord de la mer. Le milieu de la composition est occupé par des arbres dont le feuillage forme une masse noire rayée par la pluie.

162. — La sieste du soir sur les terrasses au bord de la Soumida.

163. — Les Rapides, près de Kioto. Planche célèbre qui a figuré à l'Exposition de la gravure japonaise en 1890.

KOUNIYOSHI

164. — Curieuse réunion de personnages historiques ou légendaires groupés dans un pêle-mêle pittoresque autour d'un personnage bizarre qui tient entre ses mains une petite pagode.

DIVERS

165. — Une sauterelle sur une branche de volubilis aux fleurs bleues, par Massayoshi.

166. — Un dragon dans les nuages, au milieu des éclairs. Pièce de format kakémono.

GEKKO

167. — Vue d'une montagne, aux colorations vertes et roses. Jolie pièce de format oblong.

Estampes non encadrées

ATELIER DES TORI-I (XVIIIᵉ siècle)

168. — Benkei portant une femme sur son dos. Pièce au trait, d'un superbe dessin, peut-être de Moronobou.

SOUZOUKI HAROUNOBOU

169. — Deux enfants jouant avec leur mère. L'un d'eux tombe, les jambes en l'air. Jolie pièce carrée de tirage ancien.

170. — Une jeune femme, sur une échelle, rit en causant avec un élégant Samouraï. Format kakémono, rehauts d'aquarelle.

171. — Quatre planches. Animaux, sur fond de paysage.

1. Une cigogne sur un pied enfoncé dans l'eau, près d'une barque couverte de neige.

2. Paon et sa femelle, près d'une branche fleurie.

3. Deux bœufs, l'un blanc, l'autre noir, près d'un arbuste en fleurs.

4. Deux moutons près d'une tige de pivoine.

OUTAMARO

172. — Une femme debout, causant avec son amie accroupie derrière un store vert. Format kakémono.

173. — Portrait en buste d'une courtisane. Estampe en excellent tirage.

174. — Une femme se coupant les ongles. Pièce d'un beau dessin.

175. — Une femme lisant.

176. — Une femme lavant du linge.

177. — Une mère coiffant son petit garçon.

KOUNIYOSHI, KEISAI YEISEN, etc.

178. — Cinq pièces.

HIROSHIGHÉ

179. — Vues sur la route du Tokaïdo, 25 planches de format oblong. Pièces en bon tirage ancien.

1. Porteurs de Kago.
2. Une averse.
3. Les tentes pour le coucher.
4. Une colline sous la neige.
5. Averse dans la montagne.
6. Un coup de vent.
7. Chevaux au pâturage.
8. Un pont sur la rivière.
9. Vue d'une baie.
10. Bataille dans la rue d'un village.
11. Echafaudage sur un temple au bord d'un lac.
12. Une baie, avec des pins parasol au premier plan.
13. Deux barques sur la rivière.
14. Halte des porteurs à Foudji iéda.
15. Les porteurs de Kago dans la rivière.
16. Une maison de thé, ciel rose.
17. Village sous la neige.
18. Longue avenue de cryptomérias.
19. Personnages au pied du Foudji.
20 à 25. Sujets divers.

SOURIMONOS

180. — Trente-deux Sourimonos, par Hokusai, Hokkei, etc.

Ces pièces seront vendues par deux.

DESSINS ET CROQUIS ORIGINAUX

à l'aquarelle et à l'encre de Chine.

181. — Premier cahier. Personnages, charges, caricatures, joujoux, etc.

182. — Second cahier. Études de fleurs, de fruits, d'animaux, de paysages.

183. — Troisième cahier. Paysages, cascades, bambous, fruits, une curieuse planche d'oiseaux.

Intéressantes études enlevées en quelques coups de pinceau.

Paris. — Imp. Vve V. Goupy, rue de Rennes, 71.